AF348817

# **ΚΡΙΤΗΡΙΑ SMART**

## ΒΑΣΙΚΕΣ ΠΛΗΡΟΦΟΡΙΕΣ

- **Ονόματα:** SMART, SMART κριτήρια, SMART μέθοδος, SMART στόχοι, SMARTER μέθοδος

- **Χρήσεις:**

  - Στη διοίκηση και τη διαχείριση έργων, τα κριτήρια SMART χρησιμοποιούνται για τον καθορισμό στόχων, καθώς και αποτελεσματικών βασικών δεικτών απόδοσης (KPI), και για τη διευκόλυνση της επίτευξής τους.

  - Στον τομέα των επιστημών του ανθρώπου και της προσωπικής ανάπτυξης, χρησιμοποιούνται για τον καθορισμό μαθησιακών στόχων.

- **Γιατί είναι επιτυχημένη;** Η αρχή είναι απλή: ένας στόχος πρέπει να πληροί πέντε κριτήρια για να επιβεβαιωθεί η καταλληλότητά του. Πρέπει να είναι συγκεκριμένος, μετρήσιμος, αναθέσιμος, ρεαλιστικός και χρονικά περιορισμένος. Το μνημονικό ακρωνύμιο SMART σας επιτρέπει επίσης να έχετε κατά νου αυτά τα στοιχεία, τα οποία σας βοηθούν να θέσετε ρεαλιστικούς στόχους.

- **Λέξεις-κλειδιά:**

  - <u>Βασικός δείκτης απόδοσης (KPI)</u>: είδος μέτρησης για την αξιολόγηση της αποτελεσματικότητας ή της αποδοτικότητας.

  - <u>Στόχος</u>: το ιδανικό αποτέλεσμα από την εφαρμογή συγκεκριμένων δράσεων.

# ΚΡΙΤΗΡΙΑ SMART

Γίνετε πιο επιτυχημένοι θέτοντας καλύτερους στόχους

# ΚΡΙΤΗΡΙΑ SMART

Γίνετε πιο επιτυχημένοι θέτοντας καλύτερους στόχους

γραμμένο από Guillaume Steffens
μεταφρασμένο από Lina Sideris

50MINUTES.com

- Διαχείριση έργου: οργάνωση όλων των ενεργειών που αποσκοπούν στην επίτευξη ενός συγκεκριμένου στόχου.

## ΕΙΣΑΓΩΓΗ

Το 1954, στο βιβλίο του *The Practice of Management*, ο Peter F. Drucker (σύμβουλος διοίκησης επιχειρήσεων, 1909-2005) όρισε την έννοια της διοίκησης μέσω στόχων (ΜΒΟ), η οποία είναι ο καθορισμός ποσοτικών ή/και ποιοτικών στόχων εντός συγκεκριμένης χρονικής κλίμακας. Διευκρίνισε επίσης ότι οι εργαζόμενοι πρέπει να συμμετέχουν στον καθορισμό των στόχων, ώστε να είναι στη συνέχεια σε θέση να μετρήσουν και να αξιολογήσουν την απόδοσή τους. Χωρίς να χρησιμοποιήσει επίσημα το ακρωνύμιο SMART, ο Drucker έθεσε τα θεμέλια αυτής της έννοιας.

## ΔΙΟΙΚΗΣΗ ΕΠΙΧΕΙΡΗΣΕΩΝ

Κατά τη διάρκεια του 20ού αιώνα, πολλοί συγγραφείς εξέτασαν τις ιδιότητες που απαιτούνται για να είναι κάποιος καλός ηγέτης. Αυτό συνέβη με τον Kenneth Blanchard (Αμερικανός ειδικός σε θέματα ηγεσίας και διοίκησης, γεννημένος το 1939) και τον Paul Hersey (Αμερικανός ψυχολόγος, 1931-2012), οι οποίοι υπερασπίστηκαν την ιδέα ότι καλός ηγέτης είναι ένα άτομο που είναι σε θέση να θέτει στόχους και να προσαρμόζει ανάλογα την ηγεσία του.

Μόνο όταν ο George T. Doran (καθηγητής διοίκησης, 1939-2011) δημοσίευσε το άρθρο «There›s a S.M.A.R.T. Way to Write Management›s Goals and Objectives» (Doran, 1981) εμφανίστηκε η έννοια των στόχων SMART. Ο Doran αναφέρει ότι δεν είναι απαραίτητο όλοι οι στόχοι να πληρούν τα κριτήρια SMART και ότι είναι πιο χρήσιμο να χρησιμοποιούνται ως κατευθυντήριες γραμμές.

## ΟΡΙΣΜΟΣ ΤΟΥ ΜΟΝΤΕΛΟΥ

Το ακρωνύμιο SMART αναφέρεται σε πέντε έννοιες στις οποίες πρέπει να γίνεται συνεχής αναφορά κατά τον καθορισμό των στόχων, προκειμένου να επικυρώνεται η καταλληλότητά τους. Κατά σειρά, οι έννοιες είναι συγκεκριμένες (S), μετρήσιμες (M), αναθέσιμες (A), ρεαλιστικές (R) και χρονικά περιορισμένες (T).

Αρχικά, αυτό το μοντέλο χρησιμοποιήθηκε για να καθορίσει τις ιδιαιτερότητες ενός στόχου ή ενός συγκεκριμένου δείκτη σε ένα διαχειριστικό περιβάλλον ή σε ένα περιβάλλον διαχείρισης έργων, το οποίο περιλαμβάνει την υπέρβαση της αφηρημένης ιδέας και την αποτελεσματική ανάληψη δράσης. Η απλότητα του εργαλείου προκάλεσε επίσης τη χρήση του σε άλλους τομείς, όπως οι ανθρώπινοι πόροι, όπου ο απώτερος στόχος είναι η ενθάρρυνση της προσωπικής ανάπτυξης και η αύξηση της αποδοτικότητας των εργαζομένων. Η τεχνική αυτή μπορεί επίσης να χρησιμοποιηθεί ατομικά (θέτοντας προσωπικούς στόχους SMART) ή σε μια ομάδα (ένας διευθυντής μπορεί να θέσει στόχους που η ομάδα πρέπει να επιτύχει από κοινού).

Αν και υπάρχουν πολλές εναλλακτικές λύσεις για το ακρωνύμιο αυτό, εδώ θα αναλυθούν μόνο οι πιο συνηθισμένες παραλλαγές.

# ΘΕΩΡΙΑ

## ΚΡΙΤΗΡΙΑ SMART

Ενώ μπορούμε να ορίσουμε έναν στόχο ως το αποτέλεσμα μιας σειράς στόχων που πρέπει να επιτευχθούν, οι ίδιοι οι στόχοι μπορούν επίσης να χωριστούν σε μια σειρά υπο-στόχων. Για παράδειγμα, για να δει τις πωλήσεις να αυξάνονται (ο τελικός στόχος), ο διευθυντής θα θέσει ως στόχο την απόκτηση 100 νέων πελατών.

Όσον αφορά τα κριτήρια, αποτελούν τα απαραίτητα στοιχεία για την αξιολόγηση ενός στόχου, ενώ οι δείκτες χρησιμοποιούνται για να επαληθεύεται η εκπλήρωσή τους. Έτσι, ένα κριτήριο για τον καθορισμό της προθεσμίας ολοκλήρωσης ενός στόχου μπορεί να ελέγχεται από έναν χρονικό δείκτη, όπως «σε μία εβδομάδα».

Τόσο οι διευθυντές όσο και οι εργαζόμενοι μπορούν να ανατρέξουν στα κριτήρια SMART. Οι πρώτοι θα τείνουν να θέτουν στόχους για την ομάδα για την οποία είναι υπεύθυνοι, ενώ οι δεύτεροι θα θέτουν προσωπικούς στόχους.

Ας ξεκινήσουμε εξετάζοντας λεπτομερέστερα τα πέντε στοιχεία που συνθέτουν το ακρωνύμιο SMART, σύμφωνα με τον George T. Doran.

- **Συγκεκριμένα.** Ο στόχος πρέπει να αναφέρεται σε ένα συγκεκριμένο στοιχείο. Αυτό το κριτήριο αποφεύγει διατυπώσεις που είναι πολύ γενικές — και επομένως πολύ ασαφείς — όπως «αύξηση των κερδών της επιχείρησης»- μια καλύτερη επιλογή θα ήταν κάτι όπως «μείωση του κόστους της μηχανής Α», όπου τα οφέλη μπορούν να ποσοτικοποιηθούν. Σε αυτό το παράδειγμα, η «αύξηση των κερδών της εταιρείας» θα θεωρηθεί ο τελικός στόχος που θα επιτευχθεί με τη μείωση του κόστους ενός μηχανήματος. Με τον ακριβή ορισμό ενός στόχου, οι ενέργειες που απαιτούνται για την επίτευξή του γίνονται σαφέστερες. Μπορούν να προστεθούν επιμέρους στόχοι (μείωση του ποσοστού απορριμμάτων, του αριθμού των βλαβών κ.λπ.). Ένας καλός στόχος, σύμφωνα με αυτό το κριτήριο, ορίζεται από τις εξής κύριες πτυχές: αφορά ένα περιβάλλον ή μια ακριβή τοποθεσία και έχει επίσης συγκεκριμένη χρηματοδότηση.

- **Μετρήσιμο.** Είναι σημαντικό να λαμβάνετε υπόψη αυτή την πτυχή, η οποία σας επιτρέπει να μετράτε τα αποτελέσματα όταν θέτετε στόχους στις επιχειρήσεις. Για να επιτευχθεί αυτό, η επιχείρηση πρέπει να διαθέτει αξιόπιστα μέσα πρώτον για την πρόσβαση στα δεδομένα και δεύτερον για τη σωστή ερμηνεία τους. Δεν είναι πάντα δυνατό ή εύκολο να ποσοτικοποιηθεί ένας στόχος, καθώς ορισμένοι θα είναι περισσότερο ποιοτικοί παρά ποσοτικοί. Για παράδειγμα, ο στόχος της βελτίωσης της εικόνας της εταιρείας είναι δύσκολο να ποσοτικοποιηθεί. Ωστόσο, είναι απαραίτητο να αντιμετωπιστεί αυτό το στοιχείο. Στην περίπτωση αυτή, είναι δυνατόν να διεξαχθούν έρευνες και να συλλεχθούν αριθμητικά δεδομένα (η αντίληψη της εταιρείας από το κοινό σε κλίμακα από το 1 έως το 10) και στη συνέχεια να προσαρμοστεί ο στόχος.

- **Εκχωρείται.** Ένα ή περισσότερα άτομα θα πρέπει να είναι σαφώς καθορισμένα ως υπεύθυνα για την ολοκλήρωση του στόχου. Αυτοί μπορεί να είναι εσωτερικοί ή εξωτερικοί συνεργάτες της εταιρείας. Μπορείτε επίσης να θέσετε έναν προσωπικό στόχο.

- **Ρεαλιστικό.** Η έννοια αυτή αποσκοπεί στη διαφοροποίηση της ιδανικής κατάστασης – η οποία είναι πιο δύσκολο να επιτευχθεί – από τον συγκεκριμένο στόχο. Ο στόχος πρέπει να είναι δυνατόν να επιτευχθεί με τα σημερινά μέσα της επιχείρησης ή με νέα μέσα που θα είναι εύλογα εύκολα προσβάσιμα. Κατά τον καθορισμό του στόχου, πρέπει επίσης να λαμβάνεται υπόψη η ισχύουσα νομοθεσία για να είναι ρεαλιστικός. Αυτό το κριτήριο θα έχει αντίκτυπο στα κίνητρα και τη συμμετοχή των εργαζομένων, οπότε πρέπει επίσης να υπάρχει ισορροπία μεταξύ του να είναι προκλητικός και εφικτός ως στόχος. Μπορεί να είναι χρήσιμο να σκεφτείτε έναν άλλο λιγότερο φιλόδοξο στόχο σε περίπτωση αποτυχίας.

- **Δεσμευμένη χρονικά.** Είναι σημαντικό να ορίσετε μια προθεσμία κατά τον καθορισμό του στόχου. Χωρίς χρονικούς δείκτες, ο στόχος μπορεί στην πραγματικότητα να χάσει τον συγκεκριμένο χαρακτήρα του και, επομένως, μπορεί να μην είναι δυνατόν να ελεγχθεί αν έχει επιτευχθεί ή όχι.

Τα πέντε στοιχεία που παρουσιάζονται εδώ είναι αυτά που πρότεινε ο George T. Doran. Θα δούμε στην ενότητα «Επεκτάσεις και συναφή μοντέλα» ότι υπάρχουν αρκετές παραλλαγές.

## ΠΛΕΟΝΕΚΤΗΜΑΤΑ ΤΟΥ ΜΟΝΤΕΛΟΥ

Παρόλο που η απλότητα και το μνημονικό χαρακτηριστικό του ακρωνυμίου είναι τα κύρια πλεονεκτήματα του μοντέλου, υπάρχουν και άλλα:

- Πρώτον, το μοντέλο προωθεί την επίτευξη συγκεκριμένων αποτελεσμάτων, εστιάζοντας στις απτές και μετρήσιμες πτυχές των στόχων,

- Δεύτερον, μπορεί να εφαρμοστεί σε διάφορους τομείς, ακόμη και στην προσωπική ζωή των ανθρώπων,

- Τέλος, τα κριτήρια SMART ολοκληρώνουν τον στόχο και απαιτούν λίγες ή καθόλου πρόσθετες λεπτομέρειες.

# ΠΡΑΚΤΙΚΗ ΕΦΑΡΜΟΓΗ

Παρόλο που η μέθοδος SMART φαίνεται σχετικά απλοϊκή, πρέπει να διασφαλίσετε ότι ακολουθείτε προσεκτικά τα βήματα όταν θέτετε έναν ή περισσότερους στόχους, ώστε να τους επιτύχετε μέσα σε καθορισμένο χρονικό διάστημα, αποφεύγοντας ταυτόχρονα τις πολλές πιθανές παγίδες.

## ΣΥΜΒΟΥΛΕΣ ΚΑΙ ΚΟΡΥΦΑΙΕΣ ΣΥΜΒΟΥΛΕΣ

### Κανόνας αριθ. 1 – Ο στόχος πρέπει να είναι συγκεκριμένος

Ανεξάρτητα από το πεδίο, ο προβληματισμός αρχίζει συνήθως με το πρώτο κριτήριο: την εξειδίκευση του στόχου. Αυτό χρησιμεύει για να υπενθυμίζει στους διαχειριστές ότι πρέπει να είναι ακριβείς και να έχουν συνεχώς κατά νου όλες τις πτυχές του στόχου που επιθυμούν να καθορίσουν. Όταν χρησιμοποιείται στη διαχείριση έργων ή στο μάρκετινγκ, το πρώτο ερώτημα που πρέπει να τεθεί είναι: «Θα αναθέσω διαφορετικούς στόχους σε κάθε εργαζόμενο ή έναν συνολικό στόχο στον επικεφαλής του τμήματος;". Εάν ένας διευθυντής θέλει να αναθέσει διαφορετικούς στόχους σε κάθε εργαζόμενο, υπάρχει μεγάλη πιθανότητα να ξεκινήσει με τον καθορισμό ενός συνολικού στόχου, πριν τον κατανείμει μεταξύ των διαφόρων τμημάτων και εργαζομένων. Μπορεί επίσης να επιλέξει να θέσει έναν γενικό στόχο και να ζητήσει από τους επικεφαλής των τμημάτων να αναθέσουν επιμέρους στόχους στις ομάδες τους. Εάν οι στόχοι τίθενται με συμμετοχικό τρόπο, οι εργαζόμενοι συνεργάζονται άμεσα για τον καθορισμό του στόχου: είναι οι ίδιοι μέρος του έργου και μπορούν να προσφέρουν τη γνώμη τους. Αυτή η προσέγγιση εξασφαλίζει μεγαλύτερη συμμετοχή από την πλευρά τους, καθώς δεσμεύονται από την αρχή της διαδικασίας.

## Κανόνας αριθ. 2 – Ένας στόχος πρέπει να είναι μετρήσιμος

Όσον αφορά την ποσοτική ή ποιοτική μετρισιμότητα του στόχου, είναι πρώτα απαραίτητο όχι μόνο να οριστεί ο στόχος σε αριθμούς, αλλά και να προσπαθήσουμε να σκεφτούμε πώς μπορούν να ληφθούν αυτοί οι αριθμοί. Αυτό δεν είναι πάντα εύκολο να γίνει αντιληπτό, καθώς οι πληροφορίες είναι δαπανηρές (π.χ. ολοκληρωμένη έρευνα αγοράς) ή δύσκολο να αναλυθούν αντικειμενικά (π.χ. δημιουργία ενός ποιοτικού προϊόντος).

Εάν η εταιρεία δεν διαθέτει τμήμα που να μπορεί να ενοποιήσει αυτά τα δεδομένα, είναι σημαντικό σε αυτό το στάδιο να καταρτιστεί μια ολοκληρωμένη επισκόπηση των δεδομένων στην οποία θα είναι εύκολη η πρόσβαση μέσω ενός εσωτερικού δικτύου. Ένας οργανισμός διαθέτει συχνά περισσότερους πόρους απ› ό,τι νομίζει το άτομο που αναζητά πληροφορίες, ακόμη και αν αυτοί είναι κατανεμημένοι μεταξύ διαφορετικών τμημάτων (λογιστήριο, μάρκετινγκ, οικονομικά κ.λπ.). Τα δεδομένα που συλλέγονται σε μια δεδομένη χρονική στιγμή πρέπει να αποθηκεύονται, καθώς χρησιμεύουν ως σημείο αναφοράς για τη σύγκριση των αποτελεσμάτων που καταγράφονται μετά την καθορισμένη προθεσμία.

Παρόλο που η έννοια της αξιολόγησης είναι αυτονόητη στο μοντέλο, είναι ωστόσο σημαντικό να έχουμε κατά νου ότι το βήμα αυτό θα βοηθήσει σημαντικά τον διαχειριστή εκ των υστέρων, όταν θα αξιολογήσει τα τελικά αποτελέσματα του στόχου. Σε ορισμένες περιπτώσεις, μπορεί να είναι επωφελές να προβλεφθούν διαφορετικά σενάρια ανάλογα με τα όρια που θα χρησιμοποιηθούν για να διαπιστωθεί αν ο στόχος έχει επιτευχθεί: αν ο στόχος είναι να αυξηθούν οι πωλήσεις κατά 25%, σε ποιο σημείο ο διευθυντής είναι ικανοποιημένος ή, αντίθετα, σε ποιο σημείο αποφασίζει να αλλάξει στρατηγική; Είναι το 25% ένα σκληρό κατώτατο όριο ή θα μπορούσε να θεωρηθεί επιτυχία ήδη μια αύξηση κατά 20% χωρίς να τίθεται υπό αμφισβήτηση η στρατηγική; Ο διευθυντής θα αντιδράσει διαφορετικά αν διαπιστώσει αύξηση των πωλήσεων κατά 15% ή 20%, ενώ υπολόγιζε σε αύξηση 25%. Ανάλογα με αυτά τα σενάρια μπορούν να εφαρμοστούν διαφορετικοί τύποι διορθωτικών μέτρων.

## Κανόνας αριθ. 3 – Ένας στόχος πρέπει να είναι εκχωρήσιμος

Το επόμενο βήμα είναι η ανάθεση αυτού του στόχου σε ένα μέλος του προσωπικού ή σε ένα εξωτερικό πρόσωπο ή οργανισμό με βάση τους διαθέσιμους πόρους και το κόστος της εξωτερικής ανάθεσης. Στην πράξη, είναι σαφές ότι ορισμένοι διευθυντές προτιμούν να ορίσουν κάποιον υπεύθυνο πριν ασχοληθούν με τα πρακτικά ζητήματα που συνδέονται με την αξιολόγηση των αποτελεσμάτων. Με αυτόν τον τρόπο, ένας διευθυντής μπορεί να καθορίσει, μαζί με τον αντιπρόσωπο πωλήσεων στον οποίο έχει ανατεθεί το έργο, τον αριθμό των πωλήσεων που πρέπει να πραγματοποιήσει, με βάση αυτές που κατέγραψε το προηγούμενο έτος.

# Κανόνας αριθ. 4 – Ένας στόχος πρέπει να είναι χρονικά περιορισμένος

Στη συνέχεια, είναι καιρός να καθοριστεί πότε μπορεί/πρέπει να ολοκληρωθεί ο στόχος. Είναι ευθύνη του διευθυντή να αναπτύξει μια στρατηγική για να εξασφαλίσει τη συμμόρφωση με τις προθεσμίες. Δεδομένου ότι είναι σκόπιμο να παρέχεται κάποια ευελιξία σε περίπτωση απρόβλεπτων περιστάσεων, ο διευθυντής θα προσπαθήσει να γνωστοποιήσει ένα αυστηρότερο χρονοδιάγραμμα στους υπαλλήλους του. Ωστόσο, αυτό το τέχνασμα δεν πρέπει να χρησιμοποιείται υπερβολικά, καθώς όσο μικρότερος είναι ο χρόνος, τόσο μεγαλύτερη είναι η πίεση που ασκείται στους εργαζομένους. Μπορεί επίσης να είναι συνετό να χρησιμοποιηθεί το διάγραμμα Gantt για τον προγραμματισμό επιμέρους στόχων, προκειμένου να διατηρηθεί ο έλεγχος της διαδικασίας επίτευξης των στόχων.

 ## Το ΔΙΑΓΡΑΜΜΑ GANTT

Το διάγραμμα Gantt (που επινοήθηκε το 1910 από τον Αμερικανό μηχανικό και σύμβουλο διαχείρισης Henry L. Gantt, 1861-1919) χρησιμοποιείται κυρίως ως εργαλείο διαχείρισης έργων. Παρέχει μια επισκόπηση των διαφόρων εργασιών που πρέπει να εκτελεστούν (απεικονίζονται με οριζόντιες ράβδους) και της πιθανής χρονικής τους επικάλυψης. Σήμερα υπάρχουν πολλά είδη λογισμικού, δωρεάν ή μη, για τη δημιουργία αυτού του τύπου διαγράμματος.

# Κανόνας αριθ. 5 – Ένας στόχος πρέπει να είναι ρεαλιστικός

Τέλος, πρέπει να διασφαλίσετε ότι ο στόχος είναι εφικτός. Η έννοια αυτή είναι το πιο υποκειμενικό στοιχείο του μοντέλου και εναπόκειται στον διευθυντή να αξιολογήσει τον στόχο με τη βοήθεια των διαθέσιμων εργαλείων (στατιστική ανάλυση, έρευνα αγοράς, έρευνες ικανοποίησης κ.λπ.) καθώς και της δικής του διαίσθησης. Για να το κάνει αυτό, θα πρέπει να χρησιμοποιήσει:

- απτά στοιχεία για την εκτίμηση της αναμενόμενης κατάστασης

- προηγούμενες εμπειρίες

- προβλέψεις για την εκτίμηση της μελλοντικής κατάστασης.

Ο διαχειριστής μπορεί να επιλέξει να επαληθεύσει τη ρεαλιστική πτυχή του στόχου με βάση ορισμένες ή όλες τις έννοιες που αναφέρθηκαν παραπάνω. Στην τελευταία περίπτωση, θα ελέγξει εκ των προτέρων ότι τα άτομα που έχουν αναλάβει το έργο διαθέτουν επαρκή μέσα για την έγκαιρη επίτευξη του στόχου. Αυτό το κριτήριο είναι, κατά τη γνώμη μας, το πιο δύσκολο να κατανοηθεί και θα είναι επίσης το πιο αμφισβητούμενο.

 **ΤΟ ΞΕΡΑΤΕ;**

Η «διαίσθηση» στη διοίκηση αναφέρεται στα συναισθηματικά και ασυνείδητα στοιχεία που δεν δικαιολογούνται πάντοτε από αντικειμενικά δεδομένα και καθοδηγούν τον μάνατζερ στη λήψη των αποφάσεών του. Ο μάνατζερ θα είναι σε θέση να διαισθανθεί αν το νέο έργο μπορεί να επιτευχθεί ή όχι, ανάλογα με την εμπειρία και την πείρα του σε παρόμοιες καταστάσεις.

Παρόλο που η μέθοδος SMART χρησιμοποιείται για τον ορθό καθορισμό των στόχων, δεν πρέπει ποτέ να χρησιμοποιείται ως πλήρης κατάλογος ελέγχου κατά τον καθορισμό ενός στόχου: ορισμένα στοιχεία του ακρωνυμίου μπορεί να λείπουν. Έτσι, ένας στόχος που δεν είναι μετρήσιμος θα είναι σίγουρα λιγότερο εύκολος στην υλοποίηση, αλλά δεν θα είναι απαραίτητα άχρηστος.

## ΜΕΛΕΤΕΣ ΠΕΡΙΠΤΩΣΕΩΝ

Για να καταδείξετε τη θεωρία, εδώ θα δείτε δύο παραδείγματα καθορισμού στόχων SMART σε δύο διαφορετικούς τομείς: διαχείριση έργων και προσωπική ανάπτυξη.

### Κριτήρια SMART στη διαχείριση έργων

*Η εταιρεία Α επενδύει σε ένα νέο μηχάνημα για να αυξήσει την παραγωγή δισκίων. Στις 5 Ιανουαρίου, ο διευθυντής διατυπώνει τον στόχο SMART ως εξής: «Κατά το δεύτερο τρίμηνο, ο George Dupond, ο οποίος είναι υπεύθυνος για το έργο, θα παρουσιάσει πραγματική αύξηση 10 000 επιπλέον μηνιαίων μονάδων στο επίπεδο παραγωγής, χάρη στη νέα μηχανή AX-02».*

- **Δύναμη:** Ο στόχος αυτός πληροί όλα τα κριτήρια των στόχων SMART. Ο διευθυντής μπορεί να αξιολογήσει εάν ο στόχος επιτυγχάνεται πράγματι στο χρονικό πλαίσιο που έχει επιλεγεί. Σε αυτό το παράδειγμα, θα είναι εύκολο να συγκρίνει την παραγωγή με εκείνη του Δεκεμβρίου (υποθέτοντας ότι η παραγωγή είναι σταθερή), για παράδειγμα, και να επαληθεύσει την αύξηση της παραγωγής κατά το δεύτερο τρίμηνο.

- **Αδυναμία:** Το χρονικό πλαίσιο είναι σχετικά ασαφές. Οι εργαζόμενοι θα τείνουν να θεωρούν ως καταληκτική ημερομηνία το τέλος του δεύτερου τριμήνου, ενώ για τον διευθυντή θα είναι η αρχή του δεύτερου τριμήνου. Για να αποφύγετε τη σύγχυση, φροντίστε να θέσετε έναν στόχο που να είναι όσο το δυνατόν πιο ακριβής.

Για να καθορίσει το μετρήσιμο μέρος του στόχου, ο διαχειριστής θα βασιστεί σε προηγούμενα δεδομένα. Στη συνέχεια μπορεί να υπολογίσει το ποσοστό αύξησης σε σύγκριση με το προηγούμενο έτος, για παράδειγμα. Θα διασφαλίσει επίσης ότι είναι δυνατή η πώληση αυτής της πρόσθετης παραγωγής, πραγματοποιώντας ειδική έρευνα αγοράς. Θα ελέγξει ότι αυτό είναι ρεαλιστικό με τη βοήθεια των προδιαγραφών του μηχανήματος και της παραγωγικότητας των εργαζομένων.

 ## ΕΙΔΙΚΗ ΠΕΡΙΠΤΩΣΗ: ΕΡΓΟ ΜΕ ΕΠΙΜΕΡΟΥΣ ΣΤΟΧΟΥΣ

Εάν η εταιρεία Α αντιληφθεί ότι η παραγωγή δισκίων είναι πιο πολύπλοκη από ό,τι πίστευε προηγουμένως, θα καθορίσει δύο επιμέρους στόχους για την επίτευξη των 10 000 πρόσθετων μονάδων.

1. **Εύρεση νέων πρώτων υλών για την κατασκευή περισσότερων προϊόντων.** Έτσι, ο διευθυντής αγορών (αναθέσιμος) θα είναι υπεύθυνος, πριν από το τέλος

του μήνα (χρονικά περιορισμένος), για την αξιολόγηση των προμηθευτών, την επικοινωνία μαζί τους και την υπογραφή σύμβασης με αυτόν που προσφέρει την καλύτερη προσφορά (συγκεκριμένη και μετρήσιμη). Ο στόχος αυτός φαίνεται ρεαλιστικός, καθώς αυτού του είδους οι εργασίες δεν είναι εκτός των αρμοδιοτήτων του διευθυντή αγορών.

2. **Βελτιστοποιήστε τις ρυθμίσεις του μηχανήματος για να ελαχιστοποιήσετε τα απόβλητα.** Ο δεύτερος επιμέρους στόχος θα συμπληρωθεί επίσης από τον υπεύθυνο αγορών (ανατίθεται), ο οποίος θα βρει τον καλύτερο συνδυασμό διαφορετικών ρυθμίσεων (συγκεκριμένο) – για παράδειγμα, το μέγεθος και το σχήμα του καλουπιού και την ποσότητα του πλαστικού. Δεδομένου ότι η παραγωγή έχει προγραμματιστεί να ξεκινήσει σε ενάμιση μήνα, όλες οι ρυθμίσεις πρέπει να γίνουν πριν από αυτή την ημερομηνία (χρονικά δεσμευμένος στόχος). Συγκεκριμένα, οι παράγοντες που καθιστούν ένα προϊόν ελαττωματικό θα πρέπει να αφαιρεθούν με τη χρήση λογισμικού που υπολογίζει όλες τις ευκαιρίες και καθορίζει τις καλύτερες με βάση το ποσοστό ελαττωμάτων (μετρήσιμο). Για να είναι ρεαλιστικός αυτός ο στόχος, ο διευθυντής αγορών πρέπει να αποκτήσει γρήγορα το εν λόγω λογισμικό και να αποκτήσει τεχνικές γνώσεις το συντομότερο δυνατό, ώστε να είναι σε θέση να το χρησιμοποιήσει αποτελεσματικά.

## Κριτήρια SMART για τον καθορισμό μαθησιακών στόχων

> *Ο Augustin, ένας νεαρός απόφοιτος λογοτεχνίας, επιθυμεί να ασχοληθεί με τη δημιουργία ιστοσελίδων, αλλά δεν γνωρίζει τίποτα από προγραμματισμό. Αγοράζει ένα βιβλίο προκειμένου να δημιουργήσει την πρώτη του προσωπική ιστοσελίδα σε λιγότερο από ένα μήνα: θα πρέπει να περιλαμβάνει ένα μενού και περίπου δέκα κεφάλαια. Κάθε πρωί, διαβάζει περίπου 15 σελίδες του βιβλίου αυτού και σταδιακά ολοκληρώνει το έργο του.*

Η κύρια διαφορά μεταξύ μαθησιακών στόχων και άλλων στόχων έγκειται στην προσαρμογή του κριτηρίου «αναθέσιμο» σε «φιλόδοξο» (με έναν μαθησιακό στόχο προτιμάται ο όρος «φιλόδοξος», καθώς θεωρείται ότι ο στόχος είναι πάντα προσωπικός). Αυτό σε καμία περίπτωση δεν σημαίνει ότι οι στόχοι που τίθενται στη διαχείριση έργων ή στο μάρκετινγκ δεν πρέπει να είναι φιλόδοξοι. Και πάλι, θέλουμε να τονίσουμε ότι η μέθοδος SMART πρέπει να χρησιμοποιείται ως εργαλείο για την επίτευξη αποτελεσμάτων και όχι ως λίστα ελέγχου.

# ΕΠΙΠΤΩΣΕΙΣ

## ΠΕΡΙΟΡΙΣΜΟΙ ΚΑΙ ΚΡΙΤΙΚΗ ΤΟΥ ΜΟΝΤΕΛΟΥ

Θυμηθείτε: δεν είναι απαραίτητο όλοι οι στόχοι να είναι SMART. Ο George T. Doran δεν σχεδίασε το ακρωνύμιο για να είναι ένας κατάλογος ελέγχου, αλλά μάλλον ένα βοήθημα για τη διατύπωση στόχων για την επίτευξη απτών αποτελεσμάτων. Ως εκ τούτου:

* Δεν συνιστάται να χρησιμοποιείτε ευρέως αυτό το μοντέλο κάθε φορά που θέλετε να θέσετε έναν στόχο. Στην πραγματικότητα, η μέθοδος SMART δεν είναι πάντα κατάλληλη όταν τίθενται μακροπρόθεσμοι στόχοι, καθώς η ρεαλιστική πτυχή μπορεί να περιορίσει τυχόν στόχους που θεωρούνται υπερβολικά φιλόδοξοι.

* Δεν μπορούν να μετρηθούν όλα τα αποτελέσματα αντικειμενικά- η εταιρεία δεν διαθέτει επίσης πάντα τις απαραίτητες δεξιότητες ή τους οικονομικούς πόρους για την απόκτηση και την ερμηνεία των πληροφοριών. Ωστόσο, αυτό δεν σημαίνει σε καμία περίπτωση ότι θα πρέπει να παραιτηθεί από τον καθορισμό των στόχων.

* Η προσαρμογή του στόχου δεν είναι πραγματικά δυνατή στο πλαίσιο του μοντέλου SMART (εκτός από μια παραλλαγή του «Α» ως «ρυθμιζόμενο», όπως αναλύεται παρακάτω). Ωστόσο, μερικές φορές είναι σημαντικό να λαμβάνονται υπόψη πιθανές αλλαγές στο περιβάλλον στο οποίο δραστηριοποιείται η εταιρεία.

Ο Αμερικανός επιχειρηματίας και λέκτορας Brendon Burchard (ιδρυτής της Experts Academy, γεννημένος το 1977) υποστηρίζει επίσης ότι δεν πρέπει όλοι οι στόχοι να είναι SMART και το καταδεικνύει με διάφορα παραδείγματα. Για παράδειγμα, ο στόχος του Χριστόφορου Κολόμβου να φτάσει στην Ινδία μέσω του Ατλαντικού απέχει πολύ από το να είναι SMART. Δεν ήταν πραγματικά ρεαλιστικός εκείνη την εποχή, καθώς το χρονικό πλαίσιο ήταν αβέβαιο. Όσον αφορά τη μετρήσιμη πτυχή, αυτό θα μπορούσε να γίνει μόνο με δυαδικό τρόπο: ο στόχος είτε επιτυγχάνεται είτε όχι. Ο Burchard υπενθυμίζει ότι είναι σημαντικό να έχουμε κατά νου τα ιδανικά και προτείνει ένα άλλο ακρωνύμιο, το DUMB, το οποίο είναι το αντίθετο του μοντέλου SMART.

Υποστηρίζει ιδιαίτερα τον ρεαλιστικό χαρακτήρα των στόχων SMART, καθώς είναι ίσως ο πιο δύσκολος στην αξιολόγηση. Σύμφωνα με τον ίδιο, είναι απαραίτητο να τίθεται ένας προκλητικός στόχος, αρκεί να είναι εφικτός. Εάν προτιμάται η «σχετική» παραλλαγή, τότε είναι απαραίτητο να εξεταστούν οι προτεραιότητες της εταιρείας. Εάν η μακροπρόθεσμη προτεραιότητα είναι η μείωση του κόστους, ένας στόχος που αποσκοπεί στην προσθήκη αξίας στο προϊόν θα ερχόταν σε αντίθεση με αυτό και θα ήταν άσχετος. Η συνάφεια του στόχου αξιολογείται επομένως από την άποψη των μακροπρόθεσμων προτεραιοτήτων της εταιρείας, ή του ατόμου στην περίπτωση των μαθησιακών στόχων.

# ΣΧΕΤΙΚΑ ΜΟΝΤΕΛΑ ΚΑΙ ΕΠΕΚΤΑΣΕΙΣ

## Ερμηνείες του μοντέλου SMART

Λόγω της δημοτικότητάς του, το μοντέλο SMART έχει πολλές παραλλαγές. Ο παρακάτω πίνακας παραθέτει τις πιο συνηθισμένες:

Συνήθως παρατηρείται ο ακόλουθος συνδυασμός: Συγκεκριμένος, μετρήσιμος, εφικτός, σχετικός και χρονικά περιορισμένος. Σε αυτή την περίπτωση, φροντίστε να χρησιμοποιείτε τα κριτήρια «εφικτό» και «σχετικό» μαζί, με το δεύτερο να αντικαθιστά το «ρεαλιστικό»- ένα μοντέλο που περιέχει τόσο το «εφικτό» όσο και το «ρεαλιστικό» θα ήταν άσκοπο. Το κριτήριο "σχετικό" παρέχει μια πρόσθετη διάσταση, αλλά απορρίπτει την έννοια της ανάθεσης ευθύνης για το έργο.

Ως εκ τούτου, συμβουλεύουμε τη συνέχιση της χρήσης του τελευταίου, καθώς η συνάφεια περιλαμβάνεται τόσο στο «ειδικό» κριτήριο όσο και στο μοντέλο στο σύνολό του.

## Μοντέλο SMARTER

Το μοντέλο SMART έχει μια συμπληρωματική επέκταση: SMARTER. Τα πρόσθετα «Ε» και «R» αναφέρονται στην Αξιολόγηση και την Ανασκόπηση. Η αναδρομική αξιολόγηση συνδέεται με τη μετρήσιμη πτυχή. Αν και υπονοείται στο μοντέλο SMART, ιδίως το «Μ», πρέπει τώρα να προσδιοριστεί σαφώς για να μπορέσουμε να απαντήσουμε στα ακόλουθα ερωτήματα:

- Ποιος είναι υπεύθυνος;
- Πώς μπορεί να επιτευχθεί;

Η ίδια η επανεξέταση απαιτεί αναγκαία μέτρα προσαρμογής μετά την αξιολόγηση. Ο παρακάτω πίνακας παραθέτει τις πιο συνηθισμένες παραλλαγές:

## DUMB μοντέλο

Δεδομένης της δημοτικότητας του μοντέλου SMART, ο Brendon Burchard θέλησε (κάπως πονηρά) να αμφισβητήσει τη χρήση και τη νομιμότητά του. Στη συνέχεια πρότεινε ένα νέο ακρωνύμιο που επιτρέπει περισσότερη φιλοδοξία και λιγότερο ρεαλισμό: τα κριτήρια DUMB, το σημασιολογικό πεδίο των οποίων είναι το ακριβώς αντίθετο των κριτηρίων SMART.

Τα 4 στοιχεία που σχηματίζουν το ακρωνύμιο είναι:

- **Με γνώμονα το όνειρο.** Οι στόχοι πρέπει να καθοδηγούνται από ένα όνειρο. Ακριβώς όπως ο Χριστόφορος Κολόμβος, τα άτομα και οι επιχειρήσεις πρέπει να θέσουν ένα ιδανικό που θέλουν να επιτύχουν. Μια εταιρεία πρέπει, για παράδειγμα, να φιλοδοξεί να είναι η καλύτερη στον τομέα της όσον αφορά την ποιότητα.

- **Ανεβαστικό.** Στην περίπτωση αυτή, η διατύπωση του στόχου παίζει σημαντικό ρόλο, καθώς πρέπει να είναι παρακινητική. Ο Burchard το καταδεικνύει αυτό χρησιμοποιώντας το παράδειγμα της απώλειας βάρους. Λέει ότι ο στόχος δεν πρέπει να εκφράζεται με αρνητικό τρόπο, αλλά μάλλον ως «να μοιάζω με σούπερ μοντέλο», το οποίο ακούγεται πιο θετικά και συνεπώς είναι πιο εμπνευσμένο.

- **Φιλική προς τη μέθοδο.** Πρέπει να σχεδιαστεί μια σαφής μεθοδολογία που να επιτρέπει στο άτομο που επιδιώκει τον στόχο να πειθαρχήσει τον εαυτό του προκειμένου να τον επιτύχει. Με τους μαθησιακούς στόχους, μπορείτε να καταλήξετε σε καθημερινές δραστηριότητες για να βελτιώσετε το επίπεδό σας στον κλάδο.

- **Με γνώμονα τη συμπεριφορά.** Αυτή τη φορά, η έννοια περιλαμβάνει μια αλλαγή στη συμπεριφορά που θα πρέπει να κάνει τη διαφορά: για να επιτύχουν τα όνειρά τους, οι άνθρωποι δεν πρέπει να ασκούν υπερβολική πίεση στον εαυτό τους, καθώς η συμπεριφορά έχει άμεση επίδραση στον θετικό αντίκτυπο της μάθησης και της απόδοσης.

# ΠΕΡΙΛΗΨΗ

- Το μοντέλο SMART (ακρωνύμιο των λέξεων Specific, Measurable, Assignable, Realistic and Time-Bound) είναι ένα εργαλείο που χρησιμοποιείται κατά τον καθορισμό στόχων στους τομείς της διαχείρισης έργων και της προσωπικής ανάπτυξης.

- Η απλότητα και η μνημονική λειτουργία του, που έχει σχεδιαστεί για να το θυμάστε εύκολα, είναι οι κύριοι λόγοι της επιτυχίας του.

- Υπάρχουν πολλές παραλλαγές του μοντέλου. Ένα από τα πιο γνωστά είναι τα κριτήρια SMARTER, τα οποία προσθέτουν τα κριτήρια της αξιολόγησης και της αναθεώρησης.

- Η ρεαλιστική του πτυχή έχει επικριθεί επειδή αφήνει ελάχιστο χώρο για όνειρα και φιλοδοξίες, πράγμα που σημαίνει ότι δεν είναι κατάλληλη για μακροπρόθεσμους στόχους.

- Ο καθορισμός επιμέρους στόχων μπορεί να είναι απαραίτητος για την ολοκλήρωση πολύπλοκων έργων.

- Ο διαχειριστής μπορεί να επιλέξει να:

  - αναθέστε πρώτα τον στόχο, πριν τον αναπτύξετε λεπτομερέστερα, ή το αντίστροφο,

  - να συμπεριλάβετε τους εργαζόμενους κατά τον καθορισμό των στόχων ή όχι.

- Λάβετε υπόψη ότι πρόκειται για μια μέθοδο για την επίτευξη αποτελεσμάτων, όχι για μια λίστα ελέγχου. Επομένως, δεν πρέπει πάντα να λαμβάνονται υπόψη όλα τα κριτήρια.

# ΠΕΡΑΙΤΕΡΩ ΑΝΑΓΝΩΣΗ


## ΒΙΒΛΙΟΓΡΑΦΙΑ

Burchard, B. (2014) Smart Goals Are DUMB. *Η φορτισμένη ζωή*. [Podcast]. [Online]. [Accessed 31 March 2015]. Διαθέσιμο από: < https://itunes.apple.com/gb/podcast/charged-life-brendon-burchard/id821746377?mt=2>

Doran, G. T. (1981) There's a S.M.A.R.T. Way to Write Management's Goals and Objectives. *Management Review*. 70(11), σελ. 35-36.

Drucker, P. F. (1954) *The Practice of Management*. Νέα Υόρκη: HarperCollins Publishers.

Haughey, D. (2014) Σύντομη ιστορία των SMART Goals. *Project Smart*. [Online]. [Πρόσβαση 31 Μαρτίου 2015]. Διαθέσιμο από: < http://cdn.projectsmart.co.uk/pdf/brief-history-of-smart-goals.pdf>

Morisson, M. (2010) Ιστορία των στόχων SMART. *RapidBI*. [Online]. [Πρόσβαση 31 Μαρτίου 2015]. Διαθέσιμο από: < https://rapidbi.com/history-of-smart-objectives/>

Prunier, Y. (2013) Un objectif SMART n'est pas la panacée. *Les Echos.fr*. [Online]. [Πρόσβαση 31 Μαρτίου 2015]. Διαθέσιμο από: < http://archives.lesechos.fr/archives/cercle/2013/04/10/cercle_70057.htm>

Vincent, F. (2013) Créer des objectifs S.M.A.R.T., une formule magique en marketing. *Stratégie marketing PME*. [Online]. [Πρόσβαση 31 Μαρτίου 2015]. Διαθέσιμο από: < http://www.strategiemarketingpme.com/strategies/creer-objectifs-s-m-r-t-formule-magique-en-marketing/>

Yemm, G. (2013) *Essential Guide to Leading Your Team: How to Set Goals, Measure Performance and Reward Talent*. Νέα Υόρκη: Pearson Education. 37-39.


## ΠΡΟΣΘΕΤΕΣ ΠΗΓΕΣ

Dallas, J. (2015) *Έξυπνοι στόχοι: S.M.A.R.T. Dream Big, Set Goals, Take Action*. Kindle Editions.

Gudger, J. (2013) *SMART Goals: Ο απόλυτος οδηγός καθορισμού στόχων*. Kindle Editions.

Scott, S. J. (2014) *Goals Made Simple — 10 βήματα για να κατακτήσετε τους προσωπικούς και επαγγελματικούς σας στόχους*. Kindle Editions.

Ο εκδότης διασφαλίζει την αξιοπιστία των πληροφοριών που δημοσιεύονται, η οποία όμως δεν μπορεί να αποτελέσει ευθύνη του.

Κύριο ISBN: 9782808600293
ISBN: 9782808601740
Νόμιμη κατάθεση: D/2022/12603/175

Ψηφιακός σχεδιασμός: Primento,
ο ψηφιακός συνεργάτης των εκδοτών.